THERMOMIX

6 ZUTATEN 1 GERICHT

EINFACH KOCHEN MIT MAXIMAL 6 ZUTATEN

Impressum

Edition Michael Fischer GmbH
Donnersbergstr. 7
86859 Igling
www.emf-verlag.de

Rezepte: Guido Schmelich
Rezeptfotos und Zutatenbilder: Guido Schmelich, Holzkirchen
Covergestaltung und Layout: Verena Raith
Satz: Max Bachmann
Lektorat: Karin Leonhart und Clemens Hoffmann

Gedruckt bei Polygraf Print, Čapajevova 44, 08001 Prešov, Slowakei

THERMOMIX

6 ZUTATEN 1 GERICHT

EINFACH KOCHEN MIT MAXIMAL 6 ZUTATEN

INHALT

Grundlagen 6

Vorspeisen 8

Süßkartoffel-Kokos-Suppe 11

Pilzcappuccino 13

Harzer-Käse-Türmchen 15

Gefüllte Riesenpilze 17

Geliertes Zwiebelhühnchen 19

Sahneheringe 21

Kalte Wildkräutersuppe mit Melone 23

Apfel-Fenchel-Suppe mit Fleischklößchen 25

Überbackene Zwiebelsuppe 27

Scharfe Linsen-Curry-Suppe 29

Gerupftes Huhn mit Nektarinen 31

Schwarze Linsenbällchen mit Minzdip 33

Feuerrote Paprikcreme 35

Hauptspeisen 36

Schottische Eier 39

Himmel & Erde 41

Linsen mit Petersilienöl & Stremellachs 43

Maispüree mit Fenchel & Bratwurstspieß 45

Orientalische Yufkaröllchen 47

Scharfes Hähnchen mit Erbsenhummus 49

Lachs mit flüssigem Safranreis 51

Fisch im Bananenblatt 53

Muscheln mit Knoblauch & Kräutern 55

Kokosgulasch 57

Rückwärts gebratenes Schweinefilet mit Linsen 59

Eierreis mit Gomasio 61

Quark-Gnocchi 63

Käseknöpfchen mit Röstzwiebeln & Rucola-Stroh 65

Pici mit Pancetta & Salbei 67

Ravioli mit Mortadella & Hähnchenbrust 69

Erdbeerrisotto 71

Desserts 72

Kernige Müsliriegel 75

Dattel-Bananen-Traum 77

Omas Eierlikör 79

Simply delicious Scones 81

Rhabarber-Erdbeer-Schwips 83

Beerentöpfchen 85

Panko-Pie mit Mango 87

Gedämpfte Birnen mit Salzkaramell 89

Quarkmousse mit gelierten Trauben 91

Schokoladiges Rote-Bete-Eis 93

Kokosmilchreis mit Pfirsich 95

Meine Maschine & ich

Mit Ihrer Thermo-Küchenmaschine haben Sie einen Assistenten in der Küche, dessen Vielseitigkeit Sie natürlich längst kennen. Rühren, Kneten, Wiegen, Dämpfen – kaum eine Disziplin, die Ihre Wundermaschine nicht beherrscht. Und so gehört das Kochen mit dem Alleskönner für viele inzwischen zum Alltag. Dieses Buch soll dazu beitragen, das Potenzial Ihrer Thermo-Maschine voll und ganz zu nutzen. Es unterstützt Sie dabei, sich ohne viel Aufwand abwechslungsreich und gesund zu ernähren.

Kochen mit maximal 6 Zutaten

Es ist eine schöne Herausforderung, kompliziert zu kochen! Mit vielen Zutaten, viel Zeit und bestenfalls vielen hungrigen Gästen, denen es am Ende auch noch schmeckt. Genau Letzteres hatte bei diesem Buch absolute Priorität: Die Gerichte müssen schmecken, doch die Rezepte sollten weder viel Zeit noch viele Zutaten erfordern, denn nicht jeden Tag hat man Lust und Zeit, raffinierte Zubereitungen auszutesten.

Gesund & saisonal

Das Kochen mit einer Thermo-Küchenmaschine ist meist per se eine gesunde Sache. Lebensmittel werden durch genau definierte Zeit- und Temperaturangaben punktgenau und perfekt gegart, und durch die Zubereitung im Dämpfaufsatz bleiben Nährstoffe bestmöglich erhalten. Bei der Auswahl der Zutaten im Supermarkt oder beim Metzger um die Ecke haben Sie allerdings selbst die Zügel in der Hand. Natürlich muss nicht immer alles bio sein. Achten Sie jedoch darauf, möglichst Zutaten aus Ihrer Region zu verwenden, die gerade Saison haben. Die Gründe dafür liegen auf der Hand: Sie schmecken besser, sind bezahlbar und mussten nicht um die halbe Welt fliegen. Überteuertes, geschmacksneutrales Gemüse oder Obst hat auf einem gesunden und leckeren Speiseplan nichts verloren. Eigentlich auch ganz einfach.

Seien Sie kreativ

Sie müssen sich nicht akribisch an die Vorgaben in den Rezepten halten. Wenn Sie eine bestimmte Zutat nicht mögen oder vorrätig haben, muss das nicht bedeuten, dass das Gericht gleich durchs Raster fällt. Etwas wegzulassen, hinzuzufügen oder anders zu machen weckt die Kreativität beim Kochen und Werkeln in der Küche. Ersetzen Sie Koriander durch Petersilie, Kuhmilch durch Soja- oder Mandelmilch oder verwenden Sie statt normaler Nudeln einfach glutenfreie oder Vollkorn-Nudeln. Trauen Sie sich, kreativ zu sein, kombinieren Sie die Rezepte nach eigenem Gusto und zaubern Sie Ihre eigenen Drei-Gänge-Menüs aus Vor-, Haupt- und Nachspeisen. Mit diesem Buch gelingt Ihnen das spielend.

Portionsangaben

Gute Esser, schlechte Esser, große Esser, kleine Esser – gar nicht so leicht, hier immer exakt die Menge der Zutaten zu definieren. Und auch Thermo-Küchenmaschinen haben durch ihre Bauart natürlich Kapazitätsgrenzen. Die Angaben in den Rezepten sollten aber in der Regel für vier normale Esser reichen. Und wenn es beim nächsten Mal etwas mehr sein darf, rechnen Sie die Rezepte einfach hoch oder kochen Sie in mehreren Etappen. Bei Kuchen, Soßen, Aufstrichen oder Getränken gilt dies ohnehin. Dass Sie ein bisschen Erfahrung in der Küche haben, setzen wir einfach mal voraus. Und weil alle Rezepte mit so wenigen Zutaten auskommen, behalten Sie problemlos den Überblick.

Apropos vorausgesetzt

Salz, Pfeffer, Wasser und Öl zum Braten werden in diesem Buch nicht explizit als Zutat aufgeführt, weil jeder sie im Haus hat. Und Hilfsmittel wie Nudelholz, Ravioli-Ausstecher oder Backformen lassen sich meistens ersetzen – eine Flasche, ein umgedrehtes Glas oder eine feuerfeste Schüssel tun's im Grunde genauso. Frei nach dem Motto „Der Zweck heiligt die Mittel" ist (fast) alles erlaubt, was zum gewünschten Ergebnis führt. Das gilt auch beim Vereinfachen bestimmter Koch- und Zubereitungsschritte. Das Zerkleinern von Kräutern, Nüssen oder (Parmesan-) Käse erledigt Ihre Thermo-Küchenmaschine sicher im Handumdrehen. Wenn Sie allerdings das Gefühl haben, dass es mit dem Messer oder der Käsereibe genauso schnell oder unkomplizierter geht, kein Problem. Das Gleiche gilt für das Kochen von Nudeln, Reis oder Hülsenfrüchten, die Sie ebenso gut klassisch im Topf zubereiten können. Machen Sie's sich einfach einfach. In jeder Hinsicht. Dann werden Sie viel Spaß an diesem Buch haben und es vielleicht genauso oft nutzen wie Ihre Thermo-Küchenmaschine selbst.

MT = Mixtopf

TM = Thermomix

VORSPEISEN

1

2

3

4
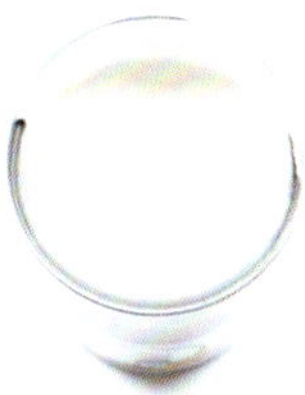

5

6

4 *Personen* | **35 MIN** *Zubereitung* | *Salz, Pfeffer*

SÜSSKARTOFFEL-
Kokos-Suppe

500 g *Süßkartoffeln*
1 Stängel *Zitronengras*
500 ml *Gemüsebrühe*
200 g *Kokosmilch*
200 g *Tomaten (Dose)*
4 Stängel *Koriandergrün*

Die **SÜSSKARTOFFELN** schälen und in Stücke schneiden. Das **ZITRONENGRAS** etwas flach klopfen und mit der **BRÜHE** in den MT geben, Die **SÜSSKARTOFFELN** ins Garkörbchen geben, 20 Min./Varoma/Rührstufe abgedeckt garen.

Das **ZITRONENGRAS** entfernen. Die **SÜSSKARTOFFELN** zur **GEMÜSEBRÜHE** in den MT geben, **KOKOSMILCH** und **TOMATEN** hinzufügen, 15 Sek./Stufe 8 mixen. Nach Belieben Wasser bis zur gewünschten Konsistenz angießen und mit Salz und Pfeffer abschmecken.

Das **KORIANDERGRÜN** zerzupfen. Die Suppe in Schalen geben und mit **KORIANDERGRÜN** garniert servieren.

1
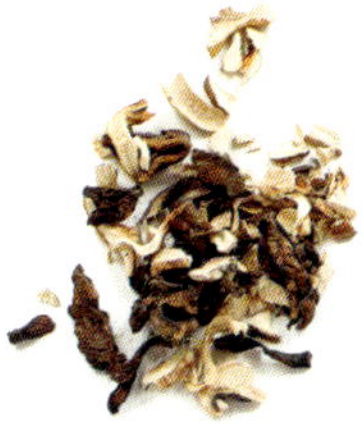

2

3

4

5

4 *Personen* | **20 MIN** *Zubereitung* **1 STD** *Einweichen* | *Salz, Pfeffer*

PILZ-
cappuccino

40 g *getrocknete Mischpilze*
600 ml *Kalbsfond*
200 g *Sahne*
1 *Schalotte*
30 g *Butter*

30 g **MISCHPILZE** mit dem **KALBSFOND** in eine Schüssel geben und etwa 1 Std. (oder laut Packungsangabe) einweichen. Die restlichen **MISCHPILZE** im MT 20 Sek./Stufe 10 zermahlen, MT leeren und die gemahlenen Pilze beiseitestellen.

Den Rühreinsatz einsetzen und 50 g **SAHNE** im MT halb steif schlagen und beiseitestellen. MT reinigen.

SCHALOTTE vierteln, im MT 8 Sek./Stufe 5 zerkleinern, **BUTTER** hinzufügen und 5 Min./Varoma/Rührstufe anschwitzen.

Den **FOND** mit den eingeweichten Pilzen angießen und 10 Min./100 °C/Rührstufe erhitzen.

150 g **SAHNE** hinzufügen, 20 Sek./Stufe 10 aufmixen, dann die Suppe mit Salz und Pfeffer abschmecken.

Die Pilzsuppe in Tassen füllen, je einen Klecks halb steife **SAHNE** aufsetzen und mit den gemahlenen **PILZEN** bestreuen.

1

2

3

4

5

4 *Personen* | **10 MIN** *Zubereitung* **30 MIN** *Kühlen* | *Salz, Pfeffer, Öl*

HARZER-KÄSE-
Türmchen

400 g *Harzer Käse*
1 *Apfel*
2 EL *Essig*
150 g *Pumpernickel*
30 g *weiche Kräuterbutter*

Den **HARZER KÄSE** in grobe Stücke schneiden und im MT 8 Sek./Stufe 4 zerkleinern. Den MT leeren.

Den **APFEL** vierteln, entkernen und im MT 8 Sek./Stufe 4 zerkleinern. Den MT leeren.

APFEL und **KÄSE** vermischen, den **ESSIG** und 2 EL Öl hinzufügen und mit Salz und Pfeffer abschmecken.

Den **PUMPERNICKEL** in den MT geben, 10 Sek./Stufe 4 zerkleinern. Die **KRÄUTERBUTTER** hinzufügen und 1 Min./Varoma/Rührstufe erhitzen.

Die Pumpernickelmischung in Metallringe füllen, etwas andrücken und 30 Min. kalt stellen. Die Käse-Apfel-Mischung darauf anrichten, nach Belieben mit Kräutern bestreuen und servieren.

1

2

3

4

5

4 *Personen* | **30 MIN** *Zubereitung*

GEFÜLLTE *Riesenpilze*

8 *Riesenchampignons*
100 g *Parmesan oder Bergkäse*
1 Bund *Rucola*
8 *getrocknete Tomaten*
400 g *grobe Salsiccia*

Die **CHAMPIGNONS** aushöhlen und beiseitelegen. **PARMESAN** in grobe Stücke zerteilen. Den **RUCOLA** grob zerkleinern.

Getrocknete **TOMATEN** und **PARMESAN** in den MT geben, 10 Sek./Stufe 6 zerkleinern.

Das Wurstbrät aus der **SALSICCIA** ausdrücken, mit der Hälfte des **RUCOLA** in den MT zur Tomaten-Käse-Masse geben und 20 Sek./Linkslauf/Stufe 5 vermengen.

Die ausgehöhlten **CHAMPIGNONS** mit der Masse füllen und in den Dämpfaufsatz setzen. Den MT mit 250 ml Wasser füllen und die Pilze 25 Min./Varoma/Rührstufe dämpfen.

Als Option: Den Ofen auf höchster Stufe Oberhitze/Grillfunktion vorheizen. Die gegarten **CHAMPIGNONS** mit weiteren 10 g geriebenem **PARMESAN** bestreuen und 5 Min. unter dem Grill überbacken.

1 

2 

3 

4 

5

6 

4 *Personen* | **25 MIN** *Zubereitung* **3 STD** *Kühlen* | *Zucker, Salz*

Geliertes ZWIEBELHÜHNCHEN

500 ml *leichte Hühnerbrühe*

6–8 *Pfefferkörner*

400 g *Hähnchenbrustfilet*

1 *rote Zwiebel*

4 Blatt *Gelatine (für ca. 400 ml Flüssigkeit)*

60 g *Reisessig*

Die **HÜHNERBRÜHE** mit 6–8 **PFEFFERKÖRNERN** in den MT geben. Die **HÄHNCHENBRUSTFILETS** grob zerteilen, die **ZWIEBEL** achteln, beides ins Garkörbchen geben, 20 Min./100 °C garen.

Die **GELATINE** nach Packungsangabe auflösen. 350 ml von der Brühe abmessen, die gelöste **GELATINE, REISESSIG**, ½ TL Zucker und ½ TL Salz zufügen, kurz im MT aufkochen.

Die **HÄHNCHENBRUST** in mundgerechte Stücke zerrupfen, mit den **ZWIEBELN** vermischen. Auf kleine Einmachgläser verteilen, mit dem heißen Sud aufgießen und sofort verschließen. Im Kühlschrank mindestens 3 Stunden auskühlen lassen.

1

2

3

4

5

6

4 *Personen* | **5 MIN** *Zubereitung* **30 MIN** *Ruhen* | *Salz, Pfeffer*

Sahne- HERINGE

1 *Schalotte*

1 *süßer Apfel (ca. 100 g)*

1 *Zitrone*

3 *Stängel Dill oder Petersilie*

200 g *Schmand*

6 *Bismarckheringe*

Die **SCHALOTTE** vierteln, den **APFEL** entkernen und in grobe Stücke schneiden, beides in den MT geben, 8 Sek./Stufe 6 zerkleinern. Wenn nötig, zwischendurch mit dem Spatel nachschieben.

Die **ZITRONE** auspressen und die Kräuter fein hacken. Den **ZITRONENSAFT,** Kräuter, **SCHMAND,** 1 TL Salz und 4 EL Wasser zu Apfel und Schalotte in den MT geben. 10 Sek./Linkslauf/Stufe 3 verrühren und mit Salz und Pfeffer abschmecken.

Mindestens 30 Min. ziehen lassen, dann über die **HERINGE** geben und servieren.

1

2

3

4

5

4 *Personen* | **15 MIN** *Zubereitung* **30 MIN** *Kühlen* | *Salz*

Kalte Wildkräutersuppe MIT MELONE

2 *Bio-Salatgurken*

1 Stange *Staudensellerie*

50 g *Wildkräuter*

1 EL *Zitronensaft*

1 *Cantaloupe-Melone*

Die **GURKEN** mit der Schale in Stücke schneiden. Den **STAUDENSELLERIE** abziehen und in Stücke schneiden. Die **KRÄUTER** waschen, verlesen und einige für die Garnitur beiseitelegen.

Die Gurkenstücke und den **STAUDENSELLERIE** in den MT geben, 10 Sek./Stufe 10 pürieren. **KRÄUTER, ZITRONENSAFT** und Salz zufügen, nochmals 15 Sek./Stufe 10 pürieren.

Die Suppe kalt stellen. In der Zwischenzeit für die Einlage die **MELONE** halbieren, mit einem Kugelausstecher Kugeln formen.

Ein Sieb mit einem Passiertuch auslegen und die Suppe hindurchgießen. In jede Suppenschale einige Melonenkugeln geben, mit der kalten Suppe aufgießen und mit den verbliebenen Kräuterblättchen garniert servieren.

4 *Personen* | **25 MIN** *Zubereitung* | *Salz, Pfeffer*

APFEL-FENCHEL-SUPPE
mit Fleischklößchen

600 ml *Fleischbrühe*
150 ml *Weißwein*
1 *Fenchelknolle*
1 *großer Bio-Apfel*
200 g *mittelfeine Bratwurst*
1 kl. Bund *krause Petersilie*

1

BRÜHE und **WEIN** in den MT geben.

2

3

Den **FENCHEL** putzen, vierteln, Strunk keilförmig herausschneiden und den Fenchel in dünne Streifen schneiden oder hobeln. Den **APFEL** entkernen, vierteln und mit der Schale in Scheiben schneiden. Die **BRATWÜRSTE** aufschneiden, das Brät herausdrücken, leicht kneten und zu Klößchen formen.

4

APFEL und **FENCHEL** in den unteren Teil des Dämpfaufsatzes geben, die Fleischklößchen in den oberen. Dämpfaufsatz auf den MT setzen, alles 15 Min./Varoma/Rührstufe erhitzen.

5

Die **PETERSILIE** fein hacken und zur **BRÜHE** geben. Mit Salz und Pfeffer abschmecken. Die Suppeneinlage auf Teller verteilen und mit der Brühe aufgießen.

6

1

2

3

4

5

6

4 *Personen* | **35 MIN** *Zubereitung* **15 MIN** *Backen* | *Salz, Pfeffer*

Überbackene ZWIEBELSUPPE

120 g *Gruyère oder Bergkäse*
500 g *Zwiebeln*
50 g *Kräuterbutter*
1 l *Fleischbrühe*
200 ml *Weißwein*
1 *Baguette*

Den **KÄSE** in Stücke teilen, 5 Sek./Stufe 5 zerkleinern. Den MT leeren, den **KÄSE** beiseitestellen.

Die **ZWIEBELN** in Ringe schneiden. Die **KRÄUTERBUTTER** in den MT geben, 1 Min./100 °C erhitzen. Die **ZWIEBELRINGE** zufügen, 10 Min./Varoma/Linkslauf/Stufe 2 anbraten. Dann mit **BRÜHE** und **WEISSWEIN** aufgießen und 20 Min./90 °C/Rührstufe köcheln lassen.

Den Backofen auf 200 °C Ober-/Unterhitze vorheizen. Das **BAGUETTE** in Scheiben schneiden, goldgelb rösten oder toasten.

Die fertige Suppe in eine feuerfeste Form geben, die Baguettescheiben darauflegen, den **KÄSE** darüber verteilen und etwa 15 Min. überbacken, bis der Käse goldbraun ist.

1

2

3

4

5

6

4 *Personen* | **45 MIN** *Zubereitung* | *Salz, Pfeffer*

Scharfe Linsen- CURRY-SUPPE

200 g *Berglinsen*
2 *Schalotten*
50 g *(scharfe) rote Currypaste*
400 g *Gemüsebrühe*
400 g *Tomaten (Dose)*
1 Bund *Koriandergrün*

Die **BERGLINSEN** laut Packungsangabe im MT oder Kochtopf garen, abgießen und beiseitestellen.

Die **SCHALOTTEN** vierteln, in den MT geben, 8 Sek./Stufe 5 zerkleinern. Die **CURRYPASTE** und etwas Öl hinzufügen, 2 ½ Min./Varoma/Linkslauf/Stufe 1 anschwitzen.

Mit **BRÜHE** aufgießen, die **TOMATEN** und die gegarten **BERGLINSEN** dazugeben, 10 Min./ 90 °C/ Linkslauf/Stufe 1,5 erhitzen.

Die Suppe mit Salz und Pfeffer würzen. Das **KORIANDERGRÜN** waschen, verlesen und die Suppe damit garnieren.

1 

2 

3 

4

5 

6 

4 *Personen* | **30 MIN** *Zubereitung* **30 MIN** *Kühlen* | *Salz, Pfeffer*

GERUPFTES HUHN
mit Nektarinen

400 g *Hähnchenbrustfilets*
80 ml *Olivenöl*
4 *reife Nektarinen*
1 Kugel *Büffelmozzarella*
1 kl. Bund *Basilikum*
4 EL *Balsamicoessig*

Die **HÄHNCHENBRUSTFILETS** mit etwa 1 EL **OLIVENÖL** einreiben, mit Salz und Pfeffer würzen und in Klarsichtfolie einschlagen. 250 ml Wasser in den MT geben, die Filets in den Dämpfeinsatz legen, 20 Min./Varoma/Rührstufe garen. Auskühlen lassen.

Die **NEKTARINEN** entsteinen, in Spalten schneiden und auf einem Servierteller verteilen. Die **HÄHNCHENBRUSTFILETS** und den **MOZZARELLA** mit den Fingern zerzupfen und zu den Nektarinen geben.

Das **BASILIKUM** grob hacken. Den Salat nochmals salzen und pfeffern, **OLIVENÖL** und **BALSAMICOESSIG** darübergeben und mit **BASILIKUM** garniert servieren.

1

2

3

4

5

6

4 *Personen* | **40 MIN** *Zubereitung* | *Salz, Pfeffer*

Schwarze Linsenbällchen MIT MINZDIP

250 g *Beluga-Linsen*
1 *Ei*
2 TL *rote Currypaste*
750 ml *Frittieröl*
3 Stängel *Minze*
300 g *Joghurt*

Die **LINSEN** laut Packungsangabe im MT oder Kochtopf garen. Anschließend unter kaltem Wasser abspülen und kurz trocknen lassen.

Die **LINSEN** wieder in den MT geben, **EI** und **CURRYPASTE** hinzufügen und 10 Sek./Linkslauf/Stufe 7 vermischen.

Das **FRITTIERÖL** erhitzen. Aus der Linsenmasse walnussgroße Bällchen formen und diese portionsweise je etwa 4 Min. frittieren.

Für den Dip die **MINZE** bei Stufe 6 auf das rotierende Messer fallen lassen. **JOGHURT**, 1/2 TL Salz und etwas Pfeffer hinzufügen, 10 Sek./Linkslauf/Stufe 3 vermischen.

2 *Gläser à 200 ml* | **30 MIN** *Zubereitung* | *Öl, Salz*

Feuerrote PAPRIKACREME

1

2

3

4

5

5 *rote Paprika*

4 *Knoblauchzehen*

2 TL *Honig*

1 *Bio-Orange*

4 Stängel *Petersilie, zerzupft*

Den Backofen auf 220 °C Ober-/Unterhitze vorheizen. Die **PAPRIKA** putzen und entkernen, im Ofen rösten, bis die Haut dunkel ist. Zugedeckt abkühlen lassen.

Den **KNOBLAUCH** in den MT geben und 10 Sek./Stufe 5 zerkleinern. Ein wenig Öl hinzufügen, 2 Min./Varoma/Linkslauf/Stufe 1 anschwitzen.

Die **PAPRIKA** häuten und die Schale der **ORANGE** fein abreiben.

PAPRIKA, HONIG und Orangenschale mit 1 TL Salz in den MT geben und 10 Sek./Stufe 8 pürieren.

Die Paprikacreme mit **PETERSILIE** bestreuen und servieren.

In heiß ausgespülte Gläser gefüllt, hält sich die Paprikacreme im Kühlschrank bis zu 2 Wochen.

HAUPTSPEISEN

1

2

3

4

5

6

4 *Personen* | **45 MIN** *Zubereitung* | *Salz, Pfeffer*

SCHOTTISCHE *Eier*

8 *Eier*
1 Bund *Schnittlauch*
500 g *grobe Bratwurst*
8 EL *Panko*
2 EL *Mehl*
500 ml *Frittieröl*

500 ml Wasser in den MT geben, 6 **EIER** in den Dämpfaufsatz legen und 14 Min./Varoma/ Rührstufe garen. Dann die Eier abschrecken, pellen und auskühlen lassen. Den **SCHNITTLAUCH** hacken und beiseitestellen.

Die **BRATWÜRSTE** aufschneiden, das Brät herausdrücken und in den MT geben, 2 EL **SCHNITTLAUCH** hinzufügen und 10 Sek./Linkslauf/Stufe 4 vermischen. Mit Salz und Pfeffer abschmecken.

Die 2 restlichen **EIER** mit der Gabel verquirlen. **PANKO** und **MEHL** jeweils auf einen tiefen Teller geben. Das **FRITTIERÖL** auf 180 °C erhitzen.

Etwa 80 g Wurstbrät in die angefeuchtete Handfläche geben, flach drücken, ein gekochtes **EI** hineinlegen und fest mit dem Wurstbrät umschließen. Im **MEHL**, dann im verquirlten **EI** und schließlich im **PANKO** wenden. So mit allen Eiern verfahren.

Die **EIER** portionsweise je etwa 6 Min. goldbraun frittieren. Zum Servieren mit **SCHNITTLAUCH** bestreuen.

1

2

3

4

5

6

4 *Personen* | **30 MIN** *Zubereitung* | *Salz, Pfeffer*

Himmel & ERDE

1 kg *vorwiegend festkochende Kartoffeln*
2 *Äpfel (ca. 300 g)*
4 *Blut- oder Leberwürste*
500 ml *Frittieröl*
2 *große Zwiebeln*
75 g *Butter*

Die **KARTOFFELN** schälen, in grobe Stücke schneiden. Die **ÄPFEL** entkernen, in grobe Stücke schneiden.

300 ml Wasser in den MT geben, **KARTOFFELN** und **ÄPFEL** in den Dämpfeinsatz legen, 10 Min./Varoma/Rührstufe dämpfen.

Dann die **WÜRSTE** in den oberen Dämpfaufsatz legen und alles weitere 10 Min./Varoma/Rührstufe dämpfen.

In der Zwischenzeit das **FRITTIERÖL** in einer tiefen Pfanne erhitzen, die **ZWIEBELN** in Scheiben schneiden und frittieren, bis sie gebräunt sind. Auf Küchenpapier abtropfen lassen. Das Öl kann wieder verwendet werden.

Am Ende der Garzeit die **WÜRSTE** herausnehmen und warm halten. Den MT leeren. Die **KARTOFFELN** und **ÄPFEL** in den MT geben, mit **BUTTER** 2 Min./100 °C/Rührstufe erhitzen. Mit Salz und Pfeffer abschmecken. Kartoffelstampf mit Röstzwiebeln und den **WÜRSTEN** anrichten.

1

2

3

4

5

6

4 *Personen* | **40 MIN** *Zubereitung* | *Salz, Pfeffer*

Linsen mit Petersilienöl & STREMELLACHS

1 Bund *Petersilie, grob gehackt*
1½ *Zitronen*
100 g *Olivenöl*
300 g *Berglinsen*
2 *Möhren*
200 g *Stremellachs*

Den TM auf Stufe 5 schalten und die grob gehackte **PETERSILIE** auf das laufende Messer fallen lassen.

Die **ZITRONEN** auspressen. Zitronensaft, **OLIVENÖL** und 2 TL Salz zur **PETERSILIE** in den MT geben und 5 Sek./Stufe 5 vermixen. Den MT leeren, das Kräuteröl beiseitestellen.

Die **LINSEN** laut Packungsangabe im MT kochen. Die **MÖHREN** in kleine Würfel schneiden und 10 Min.vor Ende der Garzeit im Garkörbchen mitgaren. 5 Min. vor Ende der Garzeit den **STREMELLACHS** im Dämpfaufsatz erwärmen.

Die **LINSEN** abgießen, den **LACHS** grob zerteilen und beides mit den Möhrenwürfeln und dem Petersilienöl vermischen. Mit Salz und Pfeffer abschmecken.

1

2

3

4

5

6

4 *Personen* | **45 MIN** *Zubereitung* | *Salz, Pfeffer*

Maispüree mit Fenchel & BRATWURSTSPIESS

4 Kolben *Zuckermais*

2 *große Fenchelknollen mit Grün*

100 g *Butter*

100 g *Crème fraîche*

4 *grobe Bratwürste*

8 *Cocktailtomaten*

500 ml Wasser in den MT geben. Die **MAISKOLBEN** 10 Min./Varoma/Rührstufe im Dämpfaufsatz garen.

Den **FENCHEL** vierteln, den harten Strunk entfernen, **FENCHELGRÜN** beiseitelegen. Den **FENCHEL** in Scheiben schneiden. Zu den **MAISKOLBEN** geben und beides weitere 20–25 Min./Varoma/Rührstufe garen. MT leeren.

Die Maiskörner mit einem Messer von den Kolben schneiden, in den MT geben. 50 g **BUTTER**, etwas **FENCHELGRÜN** und **CRÈME FRAÎCHE** hinzufügen, mit Salz und Pfeffer würzen und 6 Sek./Stufe 8 pürieren.

Die **BRATWURST** in Stücke schneiden. Die restliche **BUTTER** in einer Pfanne zerlassen und die Wurst darin braten. In den letzten 2 Min. den **FENCHEL** hinzugeben und mitbraten.

Bratwurststücke und **TOMATEN** abwechselnd auf Spieße stecken. Das Maispüree anrichten, mit dem **FENCHEL** und den Spießen servieren.

1

2

3

4

5

6

4 *Personen* | **35 MIN** *Zubereitung* **20 MIN** *Backen* | *Öl, Salz, Pfeffer*

Orientalische YUFKARÖLLCHEN

250 g *Merguez-Würstchen*

2 *kleine Auberginen*

2 *Schalotten*

200 g *Schafskäse*

1 TL *Ras el Hanout*

1 Päckchen *Yufkateig (250 g)*

300 ml Wasser in den MT geben. Das Wurstbrät aus den **MERGUEZ-WÜRSTCHEN** drücken und in das Garkörbchen geben. Die **AUBERGINEN** längs halbieren und in den Dämpfaufsatz legen. Beides 20 Min./Varoma/Rührstufe dämpfen und abkühlen lassen. Den MT leeren. Das Innere der **AUBERGINEN** auskratzen.

Die **SCHALOTTEN** schälen, im MT 4 Sek./Stufe 6 zerkleinern und mit etwas Öl 2 ½ Min./Varoma/Rührstufe anschwitzen.

Den zerbröckelten **SCHAFSKÄSE**, das Innere der **AUBERGINEN,** Wurstbrät und **RAS EL HANOUT** hinzufügen, 15 Sek./Stufe 3/Rührstufe mixen, mit Salz und Pfeffer würzen.

Backofen auf 180 °C Ober-/Unterhitze vorheizen.

Den **YUFKATEIG** doppelt legen und in 15 x 15 cm große Stücke schneiden. Je 1 EL der Füllung mit 2 cm Abstand zum Rand auf den unteren Teil des Teigquadrats geben. Die Seiten nach innen einklappen, dann von unten aufrollen. Die Röllchen auf ein mit Backpapier belegtes Backblech legen und im Ofen 20 Min. backen.

1

2

3

4

5

6

4 *Personen* | **30 MIN** *Zubereitung* | *Salz, Pfeffer*

SCHARFES HÄHNCHEN
mit Erbsen-Hummus

2 *Hähnchenbrustfilets*
1 EL *rote Currypaste*
350 g *Erbsen (TK)*
1 *Limette*
3 EL *Tahin (Sesammus)*
3 EL *Olivenöl*

Die **HÄHNCHENBRUSTFILETS** der Länge nach auf-, aber nicht ganz durchschneiden, auseinanderklappen und zwischen Frischhaltefolie sehr dünn plattieren.

Mit **CURRYPASTE** bestreichen, aufrollen, in Frischhaltefolie wickeln und die Enden wie bei einem Bonbon eindrehen.

300 g Wasser in den MT geben, **HÄHNCHENBRUST** in den Dämpfeinsatz legen, 20 Min./Varoma/Rührstufe garen. In der Zwischenzeit den Ofen auf niedriger Stufe vorheizen und die Hähnchenbrust dort warm halten.

Die **ERBSEN** in das verbliebene Wasser geben, 5 Min./Varoma/Linkslauf erhitzen, dann das Wasser abgießen.

Von der **LIMETTE** die Schale fein abreiben und den Saft auspressen. Limettensaft, **TAHIN** und 2 EL **OLIVENÖL** zu den Erbsen geben, 7 Sek./Stufe 8 pürieren und mit Salz und Pfeffer abschmecken.

HÄHNCHENBRUST schräg aufschneiden, mit dem Erbsenhummus anrichten und mit dem restlichen **OLIVENÖL** beträufeln. Nach Belieben mit Limettenzesten bestreuen.

4 *Personen* | **30 MIN** *Zubereitung* | *Salz, Pfeffer*

Lachs mit flüssigem SAFRANREIS

1

2

3

4

5

6

40 g *Butterschmalz*

50 g *Rundkornreis (z. B. für Risotto)*

0,5 g *Safranfäden*

250 ml *warme Gemüsebrühe*

600 g *Lachsfilets*

1 *Bio-Zitrone*

20 g **BUTTERSCHMALZ** in den MT geben, 2 Min./ Varoma/Rührstufe erhitzen. Den **REIS** hinzufügen und 2 Min./100 °C/Rührstufe anschwitzen.

SAFRAN und **BRÜHE** zum Reis geben. Die **LACHSFILETS** in den Dämpfaufsatz legen und alles 20 Min./100 °C/Rührstufe garen.

20 g **BUTTERSCHMALZ** zerlassen. Von der **ZITRONE** die Schale abreiben und den Saft auspressen. Etwas Zitronenschale und -Saft zum **BUTTERSCHMALZ** geben, salzen und pfeffern, warm halten.

Nach 20 Min. den Varomabehälter mit dem **LACHS** geschlossen beiseitestellen.

2 TL Zitronensaft und etwas Zitronenschale zum **REIS** geben, 30 Sek./Stufe 10 glatt pürieren, salzen und pfeffern.

Den flüssigen **REIS** auf einen Teller geben, den **FISCH** darauf anrichten und mit **BUTTERSCHMALZ** bestreichen.

1

2

3

4

5

6

4 *Personen* | **30 MIN** *Zubereitung* | *Salz, Pfeffer*

FISCH
im Bananenblatt

20 g *Ingwer*
4 EL *Sambal Oelek*
8 EL *Kokosmilch*
1 *Bund Koriandergrün*
4 *Bananenblätter*
4 *Fischfilets (à 150 g)*

Den **INGWER** schälen, hacken und mit **SAMBAL OELEK, KOKOSMILCH** und **KORIANDER** (bis auf 4 Stängel) in den MT geben, 8 Sek./Stufe 8 zu einer Paste pürieren. Den MT leeren.

BANANENBLÄTTER (ca. 20 × 30 cm) bereitlegen und großzügig mit der Würzpaste einstreichen. Die **FISCHFILETS** darauflegen, mit Salz und Pfeffer würzen. Die **BANANENBLÄTTER** zu Päckchen falten und verschnüren oder mit Holzspießen fixieren.

Die Bananenblätterpäckchen in den Dämpfaufsatz legen, 500 ml Wasser in den MT geben und 25 Min./Varoma/Rührstufe dämpfen.

Vom restlichen **KORIANDER** die Blätter abzupfen und hacken. Zum Servieren die **BANANENBLÄTTER** öffnen und den **FISCH** mit etwas gehacktem **KORIANDER** bestreuen.

1

2

3

4

5

6

4 *Personen* | **20 MIN** *Zubereitung*

MUSCHELN
mit Knoblauch & Kräutern

1 Bund *Petersilie, grob gehackt*
4 *Knoblauchzehen*
50 g *Butter*
500 ml *Gemüsebrühe*
200 ml *Weißwein*
800 g *Miesmuscheln, küchenfertig*

Den TM auf Stufe 6 schalten und die grob gehackte **PETERSILIE** auf das laufende Messer fallen lassen. Den MT leeren und die **PETERSILIE** beiseitestellen.

Den **KNOBLAUCH** in den MT geben, 8 Sek./Stufe 5 zerkleinern. **BUTTER** hinzufügen, 2 Min./Varoma/Linkslauf/Stufe 1 anschwitzen. Mit **BRÜHE** und **WEISSWEIN** aufgießen.

Die **MUSCHELN** in den Dämpfaufsatz geben, 15 Min./Varoma/Rührstufe garen.

Zum Servieren die **MUSCHELN** in eine Schüssel füllen, mit dem verbliebenen Kochsud übergießen und mit der **PETERSILIE** bestreuen.

1

2

3

4

5

6

4 *Personen* | **1 STD 10 MIN** *Zubereitung* | *Öl, Salz, Pfeffer*

Kokos-GULASCH

2 *Zwiebeln*
100 g *gelbe Currypaste*
500 g *Schweinegulasch*
2 *Bananen*
1 *Bio-Limette*
250 g *Kokosmilch*

Die **ZWIEBELN** vierteln und in den MT geben, 8 Sek./Stufe 5 zerkleinern. Die **CURRYPASTE** und etwas Öl hinzufügen, 2 ½ Min./Varoma/Linkslauf/Stufe 1 anschwitzen.

Die 500 ml Wasser und **SCHWEINEFLEISCH** zufügen, 1 Std./100 °C/Rührstufe garen.

BANANEN in Scheiben schneiden, von der **LIMETTE** die Schale abreiben und den Saft auspressen.

Gegen Ende der Garzeit **BANANEN, KOKOSMILCH** sowie Saft und Schale der **LIMETTE** zum Gulasch geben. 10 Min. ziehen lassen, mit Salz und Pfeffer abschmecken und servieren.

1

2

3

4

5

6

4 *Personen* | **30 MIN** *Zubereitung* | *Salz, Pfeffer, Öl*

RÜCKWÄRTS GEBRATENES *Schweinefilet mit Linsen*

200 g *Beluga-Linsen*
600 g *Schweinefilet*
100 g *Sahne*
4 EL *dunkler Balsamicoessig*
1 Bund *Petersilie, fein gehackt*
4–5 Scheiben *Parmaschinken*

Die **LINSEN** mit 400 ml Wasser in den MT geben. Das **SCHWEINEFILET** im Ganzen in den Dämpfaufsatz legen und beides 25 Min./Varoma/Rührstufe garen.

Die **LINSEN** abgießen und wieder in den MT geben. **SAHNE** und **BALSAMICO** hinzufügen, 5 Min./90 °C/Linkslauf/Stufe 1 erhitzen. Mit Salz und Pfeffer abschmecken und die **PETERSILIE** untermischen.

In der Zwischenzeit das **SCHWEINEFILET** mit **PARMASCHINKEN** umwickeln und in einer Pfanne mit etwas Öl von allen Seiten scharf anbraten.

Das **SCHWEINEFILET** schräg in Scheiben schneiden und mit den **LINSEN** anrichten.

1

2

3

4

5

6

4 *Personen* | **10 MIN** *Zubereitung* **20 MIN** *am Vortag* | *Salz, Pfeffer*

EIERREIS
mit Gomasio

300 g *Parboiled Reis*
5 EL *Sesamsamen*
3 *Eier*
4 EL *Sesamöl*
3 *Frühlingszwiebeln*
4 *braune Champignons*

Am Vortag 600 ml Wasser im MT zum Kochen bringen und den **REIS** laut Packungsangabe garen.

Für das Gomasio (Sesamsalz) die **SESAMSAMEN** in einer Pfanne ohne Fett anrösten, bis sie duften. In den MT geben, 1 TL Salz zufügen, 3 Sek./Stufe 7 zerkleinern. Den MT leeren.

Die **EIER** mit 2 EL **SESAMÖL** im MT 5 Sek./Linkslauf/Stufe 4 verquirlen. Die **FRÜHLINGSZWIEBELN** in schmale Ringe und **CHAMPIGNONS** in mundgerechte Stücke schneiden.

2 EL **SESAMÖL** im Wok oder in einer Pfanne stark erhitzen. **FRÜHLINGSZWIEBELN, CHAMPIGNONS,** den **REIS** vom Vortag und die verquirlten **EIER** zufügen. Unter Rühren 3–5 Min. braten, mit Pfeffer und wenig Salz abschmecken. Mit Gomasio bestreut servieren.

4 *Personen* | **20 MIN** *Zubereitung* **1 STD** *Ruhen* | *Salz*

Quark- GNOCCHI

120 g *Parmesan*

3 *Eigelb*

750 g *Ricotta oder Magerquark*

75 g *Hartweizengrieß*

75 g *Kartoffelpüree-Flocken*

1 kl. Bund *Petersilie, fein gehackt*

1 

2 

3 

4

5 

6 

100 g **PARMESAN** grob zerteilen und in den MT geben, 6 Sek./Stufe 6 zerkleinern. Die **EIER** trennen. **EIGELB, RICOTTA,** 2 TL Salz, **GRIESS** und die **KARTOFFELPÜREE-FLOCKEN** zum **PARMESAN** geben, alles 1 Min./Teigknetfunktion vermengen. Wenn der Teig noch sehr klebrig ist, etwas mehr Flocken dazugeben und den Teig anschließend abgedeckt 1 Std. ruhen lassen.

Auf einer gut bemehlten Arbeitsfläche aus dem Teig mit der Hand lange Rollen formen und 2 cm breite Stücke davon abschneiden. Die Teigstücke mit einem Gnocchibrett formen oder mit leichtem Druck über die Zinken einer Gabel rollen.

In einem Topf Wasser zum Sieden bringen. Die Gnocchi (ggf. portionsweise) hineingeben und 5 Min. ziehen lassen.

Den restlichen **PARMESAN** reiben. Die fertigen Gnocchi mit **PETERSILIE** und **PARMESAN** bestreuen und servieren.

1

2

3

4

5

6

4 *Personen* | **25 MIN** *Zubereitung* **45 MIN** *Ruhen & Backen* | *Salz*

KÄSEKNÖPFCHEN
mit Röstzwiebeln & Rucola-Stroh

250 g *würziger Käse (Bergkäse oder Gruyère)*

300 g *Hartweizengrieß*

1 *Ei*

500 ml *Frittieröl*

4 *Zwiebeln*

1 Bund *Rucola*

Den **KÄSE** grob zerteilen und in den MT geben, 4 Sek./Stufe 6 zerkleinern und beiseitestellen.

Den **HARTWEIZENGRIESS**, 100 ml Wasser und 1 TL Salz in den MT geben, 5 Min./Teigknetfunktion vermengen. Teigbrösel im MT 30 Min. ruhen lassen.

Das **FRITTIERÖL** in einer hohen Pfanne erhitzen, die **ZWIEBELN** in Scheiben schneiden und frittieren, bis sie gebräunt sind (10–15 Min.). In den letzten 20 Sek. den **RUCOLA** mit in die Pfanne geben. **ZWIEBELN** und **RUCOLA** auf Küchenpapier abtropfen lassen.

Den Backofen auf 200 °C Ober-/Unterhitze vorheizen. Einen Topf mit leicht gesalzenem Wasser aufsetzen.

Die Teigbrösel im MT nochmals 1 Min. in der Teigknetfunktion vermengen, ggf. noch Grieß zufügen, falls der Teig zu klebrig ist. Die Knöpfchen ins kochende Wasser geben und etwa 4–5 Min. garen.

Die Knöpfchen abgießen, in eine feuerfeste Form geben und zügig mit dem geriebenen **KÄSE** vermengen. 12 Min. backen. In den letzten 2 Min. **ZWIEBELN** und **RUCOLA** zufügen.

4 *Personen* | **30 MIN** *Zubereitung* **30 MIN** *Ruhen* | *Salz, Pfeffer*

PICI MIT PANCETTA & *Salbei*

1

2

3

4

5

300 g *Hartweizengrieß*

1 *Ei*

200 g *Pancetta (in Scheiben)*

3 Stängel *Salbei*

1 kl. Bund *Petersilie, grob gehackt*

HARTWEIZENGRIESS, 100 ml Wasser, **EI** und 1 TL Salz in den MT geben, 5 Min./Teigknetfunktion vermengen. Den MT leeren, den Teig kurz von Hand kneten, dann mindestens 30 Min. ruhen lassen.

Den **TEIG** ausrollen, in ½ cm dicke Streifen schneiden und mit der Hand darüberrollen. Die Pici in siedendem Salzwasser 4–5 Min. ziehen lassen.

Die **PANCETTA** mit dem **SALBEI** scharf anbraten. Die gegarten Pici hinzufügen und kurz unterrühren. Die **PETERSILIE** über die Nudeln geben, mit Salz und Pfeffer abschmecken und servieren.

1

2

3

4

5

6

4 *Personen* | **30 MIN** *Zubereitung* **30 MIN** *Ruhen* | *Salz, Olivenöl, Pfeffer*

RAVIOLI MIT MORTADELLA & *Hähnchenbrust*

150 g *Hartweizengrieß*
150 g *Weizenmehl*
200 g *Hähnchenbrustfilet*
150 g *Mortadella*
150 g *Parmesan, gerieben*
2 *Eier*

HARTWEIZENGRIESS, MEHL, 130 ml Wasser und 1 TL Salz in den MT geben, 5 Min./Teigknetfunktion vermengen. Den MT leeren, den Nudelteig kurz mit der Hand durchkneten und 30 Min. ruhen lassen.

In der Zwischenzeit die **HÄHNCHENBRUST** grob mit dem Messer zerkleinern und mit der **MORTADELLA** in den MT geben, 10 Sek./Stufe 7 zerkleinern. 120 g **PARMESAN** und 1 **EI** zugeben, 10 Sek./Linkslauf/Stufe 4 untermischen.

Das verbliebene **EI** trennen. Den Nudelteig dünn ausrollen und in zwei Hälften teilen. Aus der Fleischmasse kirschgroße Kugeln formen und mit 5 cm Abstand auf die eine Hälfte des Nudelteigs setzen. Die Zwischenräume mit Eigelb bestreichen. Die zweite Hälfte des Nudelteigs über die Füllung legen, den Teig andrücken und dann mit einem kleinen Glas die Ravioli ausstechen.

Ränder noch einmal gut andrücken, dann die Ravioli in siedendem Salzwasser 4–5 Min. ziehen lassen.

Mit **PARMESAN,** 1 Spritzer Olivenöl und etwas Pfeffer anrichten.

1

2

3

4

5

6

4 *Personen* | **25 MIN** *Zubereitung*

Erdbeer- RISOTTO

1 *Schalotte*
2 EL *Olivenöl*
200 g *Risottoreis*
600 ml *Gemüsebrühe*
200 g *Erdbeeren*
40 g *Parmesan, gerieben*

Die **SCHALOTTE** vierteln, in den MT geben, 8 Sek./Stufe 5 zerkleinern. 2 EL **OLIVENÖL** zufügen, 1 ½ Min./Varoma/Linkslauf/Stufe 1 anschwitzen.

Den **REIS** hinzufügen. TM auf 20 Min./100 °C/Linkslauf/Stufe 1,5 einstellen. Die **GEMÜSEBRÜHE** angießen, bis der Reis bedeckt ist. Sobald die **BRÜHE** aufgenommen ist, erneut **BRÜHE** angießen und so fortfahren, bis die **BRÜHE** vollständig verbraucht ist.

In der Zwischenzeit die **ERDBEEREN** in kleine Würfel schneiden. Am Ende der Garzeit **PARMESAN** und Erdbeerwürfel unter den Reis rühren, ein wenig **PARMESAN** und einige Erdbeerwürfel zum Garnieren zurückbehalten.

DESSERTS

1

2

3

4

5

6

4 *Personen* | **25 MIN** *Zubereitung* **20 MIN** *Backen* | *Salz*

Kernige MÜSLIRIEGEL

200 g *Mandeln*
1 *Ei (Eiweiß)*
130 g *Butter*
200 g *Haferflocken*
40 g *Amarant-Pops*
120 g *flüssiger Honig*

Die **MANDELN** in den MT geben, 3 Sek./Stufe 5 zerkleinern, anschließend in einer Pfanne ohne Fett leicht anrösten. Den Backofen auf 160 °C Ober-/Unterhitze vorheizen.

Das **EIWEISS** mit 1 Prise Salz im MT mit Rühraufsatz 2 Min./Stufe 4 zu Schnee schlagen. MT leeren, Eischnee beiseitestellen.

Die **BUTTER** in den MT geben, 15 Min./Varoma/Stufe 1 erhitzen.

Den Rühraufsatz wieder einsetzen. **HAFERFLOCKEN**, geröstete **MANDELN, AMARANT-POPS, HONIG** und Eischnee hinzufügen und 1 Min./Stufe 3 vermischen.

Eine viereckige Backform mit Backpapier auslegen und die Masse 3–4 cm hoch hineinstreichen, etwas andrücken und im vorgeheizten Backofen 20 Min. backen. Nach dem Erkalten mit einem scharfen Messer in Riegel schneiden.

1

2

3

4

5

6

4 *Personen* | **10 MIN** *Zubereitung*

DATTEL-BANANEN-*Traum*

1 *Bio-Limette*

1 *Banane*

15 *Datteln, entsteint*

500 ml *Sojamilch (ungesüßt)*

1–2 Msp. *gemahlener Kardamom*

1 *Oreo®-Keks*

Von der **LIMETTE** die Schale abreiben und den Saft auspressen. Die **BANANE** schälen und grob in Stücke schneiden.

DATTELN und **BANANE** mit **SOJAMILCH** und **KARDAMOM** in den MT geben, 20 Sek./Stufe 10 pürieren.

Limettensaft und -schale hinzufügen, 4 Min./60 °C/Linkslauf/Stufe 2 erwärmen.

In Tassen geben und mit dem zerbröselten **KEKS** als Topping servieren.

1

2

3

4

5

6

3 *Flaschen à 250 ml* | **15 MIN** *Zubereitung* **2 STD** *Kühlen*

Omas EIERLIKÖR

500 g *Sahne*

250 g *Puderzucker*

1 *Vanilleschote*

8 *sehr frische Eier (Eigelb)*

1 Msp. *Zimt*

250 ml *Weinbrand*

SAHNE und 125 g **PUDERZUCKER** in den MT geben. Das Mark aus der **VANILLESCHOTE** schaben und leere Schote und Mark zur Sahne geben, 8 Min./100 °C/Rührstufe erhitzen.

Die **VANILLESCHOTE** entfernen. Den MT leeren und reinigen, Rühreinsatz einsetzen.

EIER trennen. Eigelbe mit dem restlichen **PUDERZUCKER** und dem **ZIMT** 3 Min./40 °C/Stufe 4 aufschlagen. Nach 2 Min. die Vanillesahne in einem dünnen Strahl zur Eimasse geben. Zum Schluss den **WEINBRAND** hinzufügen und weitere 30 Sek./Stufe 2 rühren.

Den noch warmen Eierlikör in sterile Flaschen füllen, die Flaschen verschließen und 2 Std. auskühlen lassen.

1

2

3

4

5

ca. 10 *Stück* | **15 MIN** *Zubereitung* **15 MIN** *Backen* | *Salz*

SIMPLY DELICIOUS
Scones

50 g + 2 TL *Zucker*
200 g *kalte Butter*
400 g *Mehl*
1 Päckchen *Backpulver*
150 g *kalte Buttermilch*

50 g **ZUCKER** in den MT geben, 6 Sek./Stufe 10 zu Puderzucker zermahlen. Den MT leeren. Den Backofen auf 220 °C Ober-/Unterhitze vorheizen.

Die kalte **BUTTER** in Stücke schneiden. **MEHL**, **BUTTER**, 2 TL **ZUCKER,** 1 TL Salz und **BACKPULVER** in den MT geben, 2 Min./Teigstufe verkneten.

Die **BUTTERMILCH** dazugeben, weitere 2 Min./ Teigstufe verkneten.

Teig auf einer bemehlten Arbeitsfläche zu einem Fladen von ca. 30 cm Durchmesser formen und dreimal zur Mitte hin falten. Anschließend 3 cm dick ausrollen und mit einer runden Ausstechform oder z. B. einer kleinen Tasse 10 Kreise ausstechen.

Die Scones mit etwas Abstand zueinander auf ein mit Backpapier ausgelegtes Backblech legen und im Ofen 12–14 Min. goldbraun backen. Zum Servieren mit Puderzucker bestäuben.

395 15

1

2

3

4

5

6

4 *Personen* | **45 MIN** *Zubereitung* **9 STD** *Gefrieren*

RHABARBER-
Erdbeer-Schwips

500 g *Erdbeeren*
150 g *Zucker*
300 g *Erdbeerjoghurt*
400 g *Rhabarber*
500 ml *Sekt*
einige *Minzblättchen*

400 g geputzte **ERDBEEREN** über Nacht einfrieren.

ZUCKER im MT 10 Sek./Stufe 10 zu Puderzucker zermahlen. Die gefrorenen **ERDBEEREN** 10 Min. antauen lassen, dann mit dem **JOGHURT** und 50 g von dem **PUDERZUCKER** im MT 10 Sek./Stufe 10 pürieren. Erneut 1 Std. ins Gefrierfach stellen.

Den **RHABARBER** putzen, klein schneiden. 300 g Rhabarber mit **SEKT** und restlichem **PUDERZUCKER** im MT kurz aufkochen, dann offen 30 Min./80 °C/Linkslauf/Rührstufe ziehen lassen.

Den **RHARBARBER** durch ein sauberes Geschirrtuch oder Passiertuch passieren und den Sud auffangen. Den restlichen **RHABARBER** 5 Min. in dem Sud ziehen lassen.

Die restlichen **ERDBEEREN** vierteln und auf Teller verteilen, RhabarberSud angießen und mit 1 Kugel Erdbeer-Joghurt-Eis sowie einigen Blättchen **MINZE** servieren.

1

2

3

4

5

6

4 *Personen* | **10 MIN** *Zubereitung*

BEEREN-*töpfchen*

60 g *Zucker*
2 Päckchen *Vanillezucker*
400 g *Waldbeerenmischung (TK)*
2 *Eier (Eiweiß)*
10 *Oreo®-Kekse*
4 Stängel *Minze*

ZUCKER und **VANILLEZUCKER** in den MT geben, 10 Sek./Stufe 8 zu Puderzucker zermahlen.

Die gefrorenen **WALDBEEREN** hinzugeben und 30 Sek./Stufe 7 zerkleinern. Die **EIWEISSE** in den MT zu den Beeren geben, 5 Sek./Linkslauf/Stufe 5 vermischen. Rühreinsatz einsetzen und die Masse 2 ½ Min./Stufe 4 cremig aufschlagen.

In der Zwischenzeit die Creme aus den **OREO®-KEKSEN** entfernen und die Kekse mit einem Nudelholz zerbröseln.

Die Waldbeerencreme in Schälchen füllen, mit Oreo®-Bröseln bestreuen und jeweils mit einem kleinen Stängel **MINZE** garnieren.

1

2

3

4

5

6

4 *Personen als Dessert* | **10 MIN** *Zubereitung* **1 STD 20 MIN** *Backen*

PANKO-PIE
mit Mango

100 g *brauner Zucker*
1 *Mango*
2 EL *Orangenlikör*
4 *Eier*
600 ml *Milch*
100 g *Panko*

Den Backofen auf 160 °C Ober-/Unterhitze vorheizen. Den **ZUCKER** 3 Sek./Stufe 10 zu Puderzucker zermahlen und beiseitestellen.

Die **MANGO** schälen, das Fruchtfleisch vom Kern lösen, mit **ORANGENLIKÖR** im MT 5 Sek./Stufe 7 pürieren und beiseitestellen. Den MT leeren und säubern.

3 **EIER** trennen, die Eigelbe und das verbliebene ganze **EI** in den MT geben. **MILCH**, **PANKO** und 75 g Puderzucker hinzufügen, 1 Min./Linkslauf/Stufe 2 vermengen.

Das Mangopüree in eine feuerfeste Form geben. Die Milchmischung darübergießen und 1 Std. im vorgeheizten Ofen backen.

Kurz vor Ablauf der Backzeit die Eiweiße im MT mit Rühraufsatz 2 Min./Stufe 4 schlagen. 2 EL vom verbliebenen Puderzucker untermischen, den Eischaum auf die inzwischen feste Creme geben und weitere 15–20 Min. im Ofen backen.

Herausnehmen, mit dem restlichen Puderzucker bestreuen und warm servieren.

1

2

3

4

5

4 *Personen* | **25 MIN** *Zubereitung*

GEDÄMPFTE BIRNEN
mit Salzkaramell

250 g *Zucker*
200 g *Sahne*
170 g *Butter*
4 *Birnen*
etwas *Fleur de Sel zum Bestreuen*

Für den Salzkaramell den **ZUCKER** in einem Topf oder einer Pfanne bei schwacher Hitze karamellisieren, bis der Zucker vollständig geschmolzen und goldbraun ist.

SAHNE und 150 g **BUTTER** in den MT geben, Linkslauf/Rührstufe 1 auf 60 °C erhitzen. Den Karamell in einem dünnen Strahl hineinfließen lassen, mindestens 5 Min./60 °C/Linkslauf/Stufe 1 weiterrühren, bis die Soße leicht eindickt. Kalt stellen und den MT reinigen.

In der Zwischenzeit die **BIRNEN** schälen, halbieren und in den Dämpfaufsatz legen. 200 g Wasser in den MT geben, Birnen 10 Min./Varoma/Rührstufe dämpfen.

20 g **BUTTER** in einem Topf schmelzen lassen. Zum Servieren die **BIRNEN** mit der **BUTTER** glasieren, mit Karamellsoße übergießen und mit etwas **FLEUR DE SEL** bestreuen.

4 *Personen* | **10 MIN** *Zubereitung* **1 STD** *Kühlen*

1

2

3

4

5

6

QUARKMOUSSE MIT *gelierten Trauben*

20 g *Vanille-Puddingpulver*
500 ml *Apfelsaft*
200 g *helle Trauben*
150 g *weiße Schokolade*
200 g *Sahne*
400 g *Quark*

Das **PUDDINGPULVER** in 5 EL **APFELSAFT** anrühren.

Den restlichen **APFELSAFT** mit den **TRAUBEN** 5 Min./100 °C/Linkslauf/Rührstufe erhitzen. Angerührtes **PUDDINGPULVER** zugeben, sorgfältig verrühren, kurz aufkochen lassen und dann kalt stellen. Den MT reinigen.

Die **WEISSE SCHOKOLADE** 6 Sek./Stufe 8 zerkleinern. Die **SAHNE** hinzufügen, 3 Min./80 °C/Linkslauf/Stufe 2 erhitzen. Den **QUARK** dazugeben und 30 Sek./Linkslauf/Stufe 4 unterrühren. Anschließend die Mousse kalt stellen.

Von der abgekühlten Quarkmousse mit zwei Esslöffeln Nocken formen und mit den gelierten **TRAUBEN** anrichten.

1

2

3

4

5

6

4 *Personen* | **25 MIN** *Zubereitung* **4 STD** *Gefrieren*

SCHOKOLADIGES
Rote-Bete-Eis

100 g *dunkle Schokolade*
200 g *Rote Bete (gegart)*
200 ml *Milch*
150 g *Sahne*
4 *Eier (Eigelb)*
8 EL *Ahornsirup*

Die **SCHOKOLADE** mit dem Messer fein hacken, beiseitestellen. Die **ROTE BETE** grob zerteilen, mit 80 ml **MILCH** in den MT geben und 10 Sek./Stufe 10 pürieren. Den MT leeren.

120 ml **MILCH** und die **SAHNE** in den MT gießen und 5 Min./80 °C/Linkslauf/Stufe 1 erhitzen. Dann den MT leeren.

Die **EIER** trennen. Eigelbe und **AHORNSIRUP** in den MT geben, Rühraufsatz einsetzen und 2 Min./90 °C/ Stufe 3,5 schaumig schlagen. Dann bei 90 °C/Stufe 1 langsam die Milch-Sahne-Mischung dazugießen. Sobald die Masse etwas eindickt, 75 g **SCHOKOLADE** hinzugeben und weitere 3 Min./ 90 °C/ Stufe 1 rühren. Anschließend löffelweise das Rote-Bete-Püree zufügen, nochmals 5 Min./Stufe 2 rühren.

Die Masse in eine Form geben und im Eisfach mindestens 4 Std. einfrieren oder in der Eismaschine gefrieren lassen. Zum Servieren mit der restlichen **SCHOKOLADE** bestreuen.

1

2

3

4

5

6

4 *Personen* | **45 MIN** *Zubereitung* | *Salz*

KOKOSMILCHREIS
mit Pfirsich

400 ml *Milch*
200 ml *Kokosmilch*
150 g *Milchreis*
4 EL *Puderzucker*
3 halbe *Pfirsiche (Dose) mit etwas Saft*
1 Stängel *Minze*

MILCH, KOKOSMILCH, MILCHREIS und 3 EL **PUDERZUCKER** mit 1 Prise Salz in den MT geben, 37 Min./90 °C/Linkslauf/Stufe 1 erhitzen. Den **MILCHREIS** herausnehmen und abkühlen lassen. Den MT reinigen.

1 **PFIRSICHHÄLFTE** in kleine Würfel schneiden und beiseitestellen. 2 **PFIRSICHHÄLFTEN** und ein wenig Saft in den MT geben, 12 Sek./ Stufe 6 pürieren und auf Teller verteilen.

Mit zwei angefeuchteten Esslöffeln den lauwarmen **MILCHREIS** zu Nocken formen und auf den Pfirsichspiegel setzen. Mit **MINZE** und Pfirsichwürfeln garnieren und mit **PUDERZUCKER** bestäuben.